Prenúncio da Marcha para o Oeste: Preparando o processo de recolonizações no sul de Mato Grosso para serem terras prometidas (1930-1950).

Jota Junior Marques Rosa

Djane   Ferreira

Coleção Geografia de Bolso

Apresentação

Este livro trata dos discursos históricos e geográficos no processo de recolonização de Mato Grosso (antes da divisão territorial em dois Estados). O estudo se situa na noção de redefinições das fronteiras brasileiras e nas ideologias pregadas para reocupar o espaço do Sul de Mato Grosso. As fronteiras brasileiras são velhas, apesar disso foram redefinidas no curso e representação do capital mundial, para formulação de um ideário de nação começado em 1930 passando por 1940. Qual a mais perfeita atitude de tomar os espaços vazios e estabelecer a constituição governamental senão com pessoas? Pois foi feito a partir do contexto republicano até mais ou menos 1950, redefinindo as velhas (e agora novas) fronteiras. Prometendo uma terra inexistente, criando condições para as migrações, marchando para o oeste nas novas (velhas) terra prometidas ao capital, elevando o Estado de Mato Grosso da floresta densa, a abertura de vias, vilarejos, colônias agrícolas pela recolonização particular.

1. Introdução

Várias foram as ocupações ocorridas no Sul de Mato Grosso, hoje Mato Grosso do Sul, sobretudo onde está localizado a região conhecida pelo Vale do Ivinhema e o município de Ivinhema, classificada como a terra prometida. Ressalta – se que os espaços tidos como vazios não eram tão vazios durante a campanha de marcha para o oeste, iniciada durante o Estado Novo (1937 – 1945).

O objetivo deste texto é mostrar o período de 1930 – 1950 como um "antes" da migração em massa para o Oeste, para Ivinhema[i] (atual Mato grosso do Sul), pois houveram importantes modificações territoriais e espaciais que propiciaram o gatilho para que as terras prometidas ao capital[ii] acontecessem. A maioria dos municípios do Vale do Ivinhema teve seu fluxo urbano iniciado após 1950, assim essas condições criadas interferiram grandemente na configuração da fronteira[iii] do Sul do então Mato Grosso. A principal tese para confecção deste estudo, é a de que o espaço do oeste Brasileiro era cobiçado a muito tempo pela Geografia Histórica.

No primeiro item, mostramos a perspectiva das velhas fronteiras (e das novas do mercado consumidor proposto pela geopolítica anglo-saxã) precisava chegar aos espaços tidos como vazios, redefinindo sua Geografia. Mato Grosso, à época era um deles, recoloniza – lo, fora da atuação militar apenas, era preciso. Leva – lo do mato denso (grosso) a ser um Estado (Mato Grosso) integrado economicamente, foi um grande desafio sobretudo para os estabelecidos no poder. Claro, isto expressou um lote de ações temporais e espaciais antes das recolonizações em massa para o Estado e para seu Sul, onde hoje se localiza geograficamente Ivinhema.

Portanto, convencer gentes e migrantes foram necessários ao longo do curso históricos discursos. O tido desenvolvimento da nação brasileira, renegadora de seus construtores (negros/indígenas) e engendrada na inserção capitalista mundial é uma ordem econômica ampla, complexa e dominante, forjada a partir de 1930. É preciso, acima de tudo, ter conhecimento de sua funcionalidade sistêmica.

A geoestratégia (sobretudo Britânica e Estadunidense como demonstra Graham – 1973 e Rocha- 2001) de espaços econômicos tem uma coerência de ação, de articulação, funcionando em tempo real por meio de uma colossal teia de (Inter) conexões no capitalismo para ordenar planejamento regional no Oeste do Brasil[iv].

É a partir dos acordos (pretextos globais) que são armadas, com acontecimentos próprios (interessados aquém ou outrem), as políticas de planejamento e gestão estratégica dos espaços/territórios[v] disponíveis. O cenário global está em nosso diário, por conseguinte, é o episódio de nossas vidas (lugar[vi]). Ele, também, incorpora identidades nacionais e divide poder e gestão. Esse lugar, também foi *verticalizado*[vii] e não trabalhado como frente agrícola para se inserir somente na divisão internacional do trabalho. De tal modo, as potências *constituíram* grupos *estabelecidos*[viii] para dominar esse lugar, tornando – o mais homogêneo possível.

Assim no segundo item mostramos como é atrair migrante no contexto das vidas e dos discursos. Foi preciso um pretexto para executar o contexto iniciado as reocupações pretendidas a partir de 1930. Destaca – se o fomento das colônias agrícolas neste processo, servindo de referencial para implantação de novas reocupações em outros espaços como a atual Ivinhema, em Nova Andradina e outras cidades da região[ix] a partir de 1940. Propiciando que em 1950 houvesse um comércio fixo de terras (deram a execução dos trabalhos a recolonização particular) em Mato Grosso vendendo uma terra com mundos e fundos, farta, mas sem estrutura alguma, tornando – se apenas uma promissão, uma terra prometida só no papel.

2. Os "espaços vazios" não eram tão vazios: a ocupação indígena, formação de um mercado prometido as potências internacionais e os discursos separatistas. (1930 – 1940)

Antes das grandes migrações em massa para o Oeste do Brasil a partir da década de 1940 – 1950 com a criação das colônias nacionais agrícolas, novas fronteiras agrícolas e a recolonização particular, conservava a noção de um território prometido no Sul de Mato Grosso (Fausto, 2000). As potências internacionais, como os Estados Unidos, desejavam expandir seu domínio ideológico e econômico, utilizando seu modelo de ida para o Oeste na América Latina. Esses espaços, embora com presença humana,

Do império até a república, podemos perceber geograficamente as intenções na história viva e vivida, que era fomentar um mercado. Esse mercado prometido as potencias internacionais começa no grito da independência. Para agradar os estabelecidos no poder, Dom Pedro I a proclamou. Seu reconhecimento internacional foi caro. Lhe cobraram a redefinição das fronteiras, bem como sua recolonização com intuito de dominar e vender suas tecnologias e produtos. (Graham, 1973)

A história negra/ameríndia/branca foi cravada com sangue e o lábaro que nossa bandeira ostenta, não é tão estrelado, mas sim, uma altercação entre vida-morte e a implementação das produções capitalista lavado com o vermelho do sangue na busca da formação de um mercado consumidor para as potências (principalmente, Grã-Bretanha e Estados Unidos) e a recolocação do Brasil no ordenamento da divisão internacional do trabalho. (Graham, 1973).

Segundo Cláudia Chies (2007):

> O café expandia-se muito rapidamente em razão das vantagens que sua produção oferecia, já em 1860, havia cortado o território paulista e chegado às terras do norte paranaense, porém, ocupação mais representativa se deu no início do século XX. (CHIES, 2007, p.25)

Da segunda meta do XIX até 1930, o café foi o principal aspecto na difusão das migrações para o oeste. Desta Forma, o processo de (re) colonização do norte paranaense, oeste paulista e sul de Mato Grosso do Sul está intrinsecamente relacionado à expansão da cafeicultura, sobretudo das terras mineiras e paulistas no final do século XIX.

Conforme demonstra a figura 1 a ocupação do território do sul do Mato Grosso era disforme e a fronteira era de livre circulação. Este fator criou duas classes importantes na produção do espaço econômico e territorial militares que agregavam a administração da fronteira e os criadores de gado, latifundiários com grandes extensões de terra e matança de várias etnias indígenas em prol do fomento capitalista.

Importante, ao leitor, é deixar isso bem

claro no exame das (re) definições das fronteiras brasileiras e nas ideologias pregadas para reocupa – las. As fronteiras brasileiras são antigas, contudo foram redefinidas a circulação/reprodução do capital mundial e para formulação de um ideário de nação. Recolonização, pois Mauricio Grillo Júnior (2013) deixa a entender que recolonizar significar colonizar novamente, assim, definir novamente, o modelo de habitar com colonos. Maciçamente, tirar os indígenas e empecilhos do caminho dentre eles os indígenas.

Figura 1: Ocupação da Fronteira em Mato Grosso do Sul - 1593 – 1930.

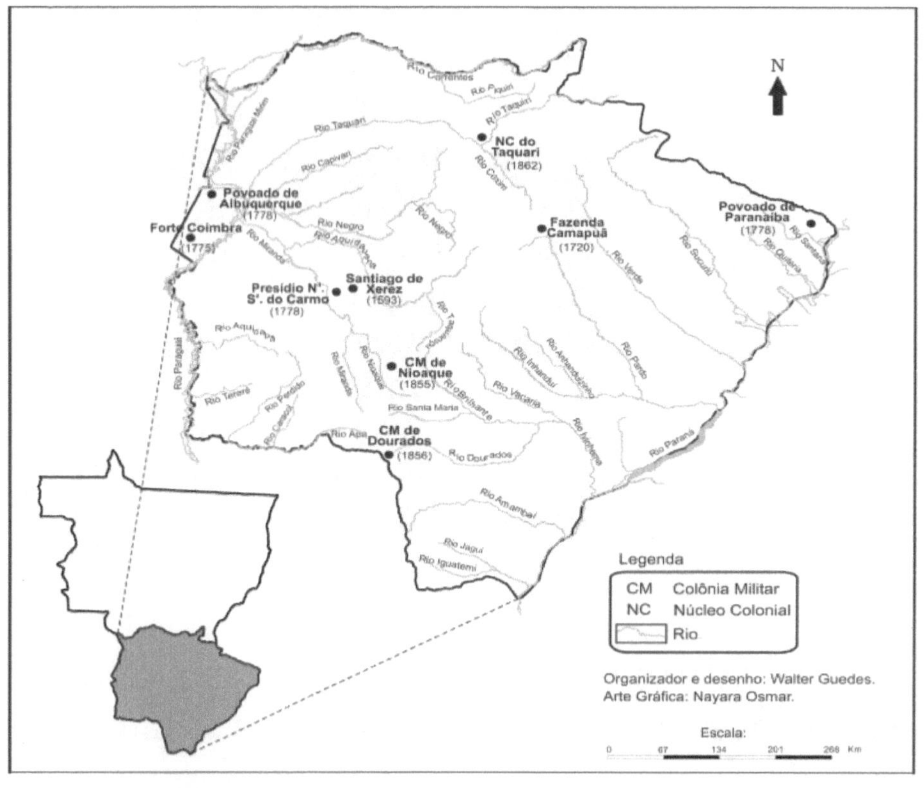

Organizador: Prof. Dr. Walter Guedes. Arte: Nayara Osmar. Escala: 1: 6.700.000. Fonte: Silva (2011).

Deve se advertir que, antes mesmo das chegadas dos trabalhadores migrantes, a região do Vale do Ivinhema era habitada por indígenas na segunda metade do Século XX. Tal como discute o arqueólogo Gilson Martins.

Observando Martins e Kashimoto (2002) vemos que redefinir o território e as fronteiras sempre foi um percalço. No que diz respeito às narrativas das disputas com os indígenas e a inserção do então Mato Grosso na história[x]. Após as primeiras recolonizações portuguesa e espanhola, elas reforçaram, a imagem de obstáculos a superar. Entra em cena a Geografia usada no planejamento regional para o capitalismo, inclusive com o Serviço de Proteção do Índio – SPI aldeando os nativos que não tinham sidos aldeados ou mortos.

Essa circulação de influências entre o sul

do Mato Grosso e São Paulo na fronteira, gerou, principalmente, nos anos de 1919 - 1925, prosperidade econômica para os núcleos de povoamento e cidades de Mato Grosso proporcionando a proliferação do movimento divisionista também nos centros urbanos. De tal modo, a causa superou a crescente influência dos ervais nos anos de 1920 e 1930. Esse o limite dos ervais na fronteira atingiu os militares e a criação de gado, como demonstra Martins 2002.

Figura 2: Aldeia kaiowa território onde hoje é o município de Dourados/MS.

Foto: Egon Shaden, 1949. **Fonte:** https://pib.socioambiental.org, acesso em 15/08/2015, ás 16 horas e 10 minutos.

Pode - se afirmar que a ideia divisionista esteve amplamente relacionada às diversas correntes migratórias que compõe o sul do Estado, à expansão pecuarista gerada a partir destes habitantes, ao regionalismo que marcou estes movimentos resultando na formação das oligarquias ao desenvolvimento das cidades, a interação entre as elites regionalizadas na parte sul de Mato Grosso, militares constantemente remanejados e a implantação da ferrovia.

A partir de 1930 o movimento divisionista (na fronteira) tornou - se mais organizado com a conhecimento de outros grupos sociais que se aliaram aos políticos sulinos desempenhando pressão sobre o governo federal, a causa então se expande e aufere forma tendo ainda o respaldo de grupos econômicos não ligados à Matte Laranjeira. A taxa de indústria no sul de mato grosso era quase zero

Em julho de 1932 eclode, em São Paulo, a chamada Revolução Constitucionalista, além das fronteiras paulistas, o sul do Mato Grosso foi o inusitado e único a aderir ao movimento revolucionário e, confirmando mais uma vez o distanciamento das regiões, o Norte permaneceu legalista alinhando - se ao poder central. Concomitantemente, o fato, as críticas ao Governo Vargas dos sulistas, fizeram existir um movimento divisionista no sul do Mato Grosso em relação à liderança de Cuiabá e ao Presidente do Estado juntamente com a disposição dos líderes civis e militares em apoiar o movimento contra o governo provisório propiciou que fosse instalado o Estado de Maracaju, tendo como capital a cidade de Campo Grande. Em virtude da derrota dos Constitucionalistas, a separação do sul do Mato Grosso com restante do estado existiu somente durante o período de 11 de julho a 2 de outubro de 1932.

O Território que, em sua grande maioria, não chegava a ser atingido pelos tentáculos das ações estatais, impedia a inserção de atividades econômicas como a indústria (pretendida pelos ingleses e estadunidenses), sobretudo pelo domínio dos Ervais. Havia uma "configuração de *fronteiras e territórios* no espaço [...] e uma circulação primária, escoada pela via fluvial. A lei era da bala e o fim era a vala" (ROSA E FERREIRA, 2016, p.64).

Em se tratando dos Estado, a forma precária como eram aplicadas as verbas estatais no setor econômico, cujos recursos encontravam destinação certa no atendimento das prioridades "do dia", definidas pelas disputas entre os diversos grupos de pressão — representando os interesses de fazendeiros, ou de pecuaristas, ou da empresa Mate Laranjeira, entre outros — em luta pelo poder estatal, facilitava o discurso separatista, do que o fomento de mercado consumidor e fornecedor de matéria prima como queriam os ingleses. (Bittar, 1999)

Os ervais e a Matte Laranjeira gozavam do monopólio, da especulação, do poder de estado e de vida-morte/morte-vida. A consolidação deste projeto estava saindo do papel em Mato Grosso, em 1938[xi], com o fomento de estradas, rodovias, escoação de produtos primários e de povoamento e com leis. Muito pelas discussões conclamadas na revolução constitucionalista, como foi o caso da petição da Liga – Sul – Matogrossense em favor da divisão do Estado. Vargas não rompeu com elites, apenas diminuiu com a Mate Laranjeira S/A. Ele favoreceu algumas em detrimentos de outras. Mas suas relações com o Estado Novo continuavam muito sólidas e logo foram estremecidas, significando a aceleração das recolonizações[xii]. (Silva, 2011)

Getúlio Vargas tinha uma relação de coexistência com a Matte Laranjeira, desde 1927, mas algumas atitudes desagradaram o ditador. Sobretudo, por saber que a Companhia havia contribuído com a Coluna Prestes no ano mencionado e apresentado ao regime anterior sua conta. Luiz Carlos Prestes se tornará um dos principais opositores do pai dos pobres e mãe dos ricos. (Zatti, 2011).

Esse fato rendeu a birra política de Getúlio Vargas que decretou o desmembramento dos territórios de Mato Grosso e Paraná com justificativa de melhor administra – los. O território de Ponta Porã e do Iguaçu foram os primeiros a servir ao projeto de recolonização. Nestes tempos de Estado novo (1938 – 1945), durante a Segunda Guerra, Vargas criará os territórios e iniciará transformações indigestas a Companhia Mate Laranjeira que já amargava a queda econômica dos ervais. (Rosa e Ferreira, 2016).

Getúlio por opinião e pressão da imprensa carioca conduziu uma campanha de desorganização das empresas privadas e do seu poderio de Estado em Mato Grosso (principalmente no Sul como monopólio pela ajuda do capital privado na Guerra do Paraguai), assumindo os territórios do SMT[xiii] e do norte do Paraná para o Governo Federal no final da década de 1930. O Embrião da terra prometida poderia então ser gerado com a reocupação dos territórios por Famílias (Fausto, 2000). O Apoio em 1937 aos Estados Unidos na Segunda guerra Mundial (1937 – 1945). Getúlio Vargas ficou à vontade para pedir novas contribuições ianques, já que haviam sido parceiros na Companhia

Siderurgia Nacional – CSN no Estado do Rio de Janeiro (Fausto, 2000).

Segundo Jovam Silva (1997) o fim da concessão à Matte Laranjeira ocorreu em 1941, quando Vargas já tinha se aliado aos Estados Unidos (nova potência militar e econômica na 2a Guerra Mundial).

Para o autor, em 1941, ocorreu a intervenção federal do Presidente Vargas que negou à empresa a continuação dos ervais sulistas mato-grossenses. A motivação ocorreu em virtude da campanha jornalística desencadeada pelo diário carioca "O Radical", que afirmou ser a ferrovia de Guairá pertencente à empresa, servindo como uma ponta de lança estrangeira em território brasileiro, onde os empregados eram paraguaios e a moeda dominante o peso argentino, além do que a empresa cobrava pedágios a quem quisesse utilizar-se das estradas vicinais que lhe serviam e de outras exclusividades.

Figura 3: Getúlio em visita a Fazenda

Pacuri em Ponta Porã em 1938.

1938. Presidente Getúlio Vargas em Ponta Porã na Fazenda Pacuri com Oficiais do 11º R C I

Org: Acervo Marcelino Nunes. Fonte: http://cafehistoria.ning.com/profiles/blogs/o-territ-rio-federal-de-ponta-por, acesso em 29/09/2015.

Jovam Silva, destaca que:

> Uma vez mais a empresa se via com problemas de interferência das autoridades governamentais. Desta feita com o governo federal ditatorial de Getúlio Vargas. Pelo que foi visto até aqui, esse jornal da capital federal, concretamente, não exagerou nem um pouco em suas observações sobre esse truste[xiv] empresarial que foi a Mate Laranjeira. (SILVA, 1997, p.41 – Grifos Nossos).

A estatização e a política do Governo Vargas em relação a Mate Laranjeira se deu através do Decreto Federal 6428/1944. Foi incorporada estrada de ferro Guairá – Porto Mendes e outros patrimônios que Getúlio Vargas diminuindo o poder Companhia Matte Laranjeira, possibilitando uma nova circulação na rede geográfica e na abertura das recolonizações para o capital privado. Já que o Estado era carente de recursos, o plano foi repassar ao capital privado as recolonizações. Enfim o projeto " terra prometida" poderia ser iniciado. (Rosa e Ferreira, 2016).

Dessa forma, virou uma guerra política

pelo território e pela hegemonia geográfica no SMT. A Companhia Matte Laranjeira havia reagido com amigos como os Murtinhos, o Senador Azeredo e tantos outros. A sua última ofensiva política que impedisse a retomada política dos territórios sob influência da empresa, foi um aliado dentro do governo Vargas. Desta vez, era o líder estadonovista Filinto Müller, senador pela província de Mato Grosso, velho militar aliado de Vargas e perseguidor de tantos opositores. (Instituto Euvaldo Lodi, 1986)

Para Jovam Silva (1997):

> O decreto-lei estabeleceu a obrigatoriedade do regime da livre exploração do mate, de promover, desta feita, à União a colonização racional das terras antes arrendadas à Mate Laranjeira; da preparação do advento da livre iniciativa com o prazo de um ano da vigência do contrato de concessão para facilitar a adaptação ao novo sistema; de conferir-se a uma entidade administrativa o fomento da indústria ervateira

(foi criado o Instituto Nacional do Mate, lei n° 395 de 13/4/1938), a fim de se preparar a passagem do regime de monopólios para o da livre exploração: de abrirem-se ao tráfego público as vias de comunicação terrestres e fluviais servidas pela Mate Laranjeira; de instalarem-se serviços públicos federais, estaduais e municipais nos portos e povoados que serviam a dita empresa; finalmente, de submeter a exame os títulos de propriedade na faixa de dez léguas da fronteira. (Ibidem).

Era isso o que o capital internacional queria: pessoas que consumissem suas tecnologias e produtos, sem poderio de investimento. O governo abre concessões à particulares para explorarem a migração através de vendas de grandes porções de terras e editar leis para beneficiar essa edificação fronteiriça de mercado.

Para Bittar (1999), o processo autoritário

histórico e geográfico de consolidação do capital no Brasil, a partir de 1930, implicou na concepção de Estado Controlador. Para isso conhecê-lo foi vital. A população era um poder importante neste processo. O conhecimento produzido pela criação do Instituto Brasileiro de Geografia e Estatística (IBGE), em 1938, propiciaria esse conhecimento. Vargas deixou claro à Fronteira que as aspirações regionais (separatistas ou não) deveriam se equilibrar com as nacionais, o que visava diminuir as tensões, produzindo a ideia de integração.

Este processo compreendeu múltiplas ações que levaram aos resultados visíveis (e abstraídos) do espaço. E por fim, com continuidade da reocupação da fronteira, as simplicidades/complicações do tempo antes das recolonizações, pressupôs a invenção de novos signos, símbolos e novas identidades a facultar das configurações espaciais, enfim a invenção do Lugar em 1940, fomentando uma terra próspera (que era mato). Criou – se (habemus) *uma terra prometida no início dos anos* de 1940, enquanto o mundo guerreava.

3. O projeto terra prometida em 1940, o planejamento regional e o separatismo velado na fronteira.

Nos anos 1930 e 1940, os estudos geopolíticos sobre política de fronteiras, escritos por Everardo Backheuser (1933) convieram, geograficamente, de inspiração para a concepção dos territórios federais, inclusive o de Ponta Porã. Segundo ele, se algo não fosse feito por dispositivos "constitucionais que devessem separar as aduelas da abóboda da unidade nacional" a fronteira "ruirá um dia, estrepitosa, si continuarmos no perigoso caminho" (BACKHEUSER, 1933, p.68). Desse modo, a fronteira passou a ser vista como noção de espaço vital, a pele do organismo estatal, captadora das influências e soberania e, como tal, deve estar dependente ao poder central e não às chefes regionais que manifestaram menor sensibilidade para esses problemas. Foram criados, então, os territórios federais de Amapá, Rio Branco, Guaporé, Fernando de Noronha, Ponta Porã e Iguaçu.

A propaganda da Marcha para o Oeste foi grande, transformou-se no pioneirismo em capacidade de civilizar, mas na verdade, foi um banho de sangue nativo e de pobres trabalhadores nos ervais e no latifúndio. Já percebendo as raízes do discurso separatista, Getúlio Vargas agradou certos estabelecidos no SMT para garantir sua manutenção do poder. Ofuscou o separatismo tornando-o velado na fronteira. Grupos prós e contra discurso.

Á Margem, portanto, a modernização chegará ao oeste do Brasil e ao sul do SMT (com a desapropriação estatal da Mate Laranjeira). Viu-se em tensão constante, pois, contraditoriamente, todo o processo de territorialização de um modo de *raciocinar* e *improvisar a região* se viu pautado no projeto da *modernidade excludente*. Em outros termos, essa recolonização obedece aos seguintes termos:

> Desde os tempos coloniais, a administração central valia-se de indivíduos prestigiosos locais, para auxiliar na administração do vasto território [...]. Eram geralmente latifundiários e/ou altas patentes militares, bem como elementos do clero [...]. As decisões e atitudes dessas pessoas eram depois referendadas pelas autoridades

constituídas. O poder central contava com a colaboração dessas pessoas e depois as pagava com favores especiais, como a doação de terras, a nomeação de pessoas indicadas para cargos governamentais, etc. (WACHOWICZ, 1987, p. 25).

A Colônia Agrícola da Grande Dourados - CAND teve participação velada neste processo, pois as terras onde hoje é o município de Ivinhema eram devolutas e pertencentes ao Estado. Inicialmente, foi criada Decreto – Lei 5941 em 20 de outubro de 1943 e teve seu desenvolvimento com a compra. Antes, Distrito de Ponta Porã passou a ser colônia a partir de 1943 e vendida aos imensos exércitos de trabalhadores do Norte do Paraná e oeste paulista, iniciando a marcha para o oeste e a ocupação histórica da fronteira pós – 1940 como demonstra Tabela 1, um aumento vertiginoso de 65% entre 1940-1950 e 372% em 1960, auge das vendas.

População censitária (1940-1960)			
Censo/Ano	**Total**	**Urbana**	**Rural**
1940	14.985	1.821	13.164
1950	22.834	4.730	18.104
1960	84.955	16.468	68.483
1970	79.186	31.599	47.587
1980	106.493	84.849	21.644

Fonte: IBGE, 2015.

Um dos pré-requisitos para arranjar as terras, é que o operário rural deveria ser casado e de baixa renda e, além disso, o governo distribuía ferramentas, residência. Animais de leite e corte. Na sua propaganda era uma terra frutífera, assim, os (re) colonos assentados, migravam alucinados pelos discursos de grandes políticos e em principal pelo discurso do presidente Getúlio. Segundo Susana Naglis (2007), a divisão de terras e colonização e a partir da década de 1950 ao INIC, pertencentes ao Ministério da Agricultura, dividiria as terras.

Se a frente recolonizadora de Dourados

está inserida no contexto de vários mandatos presidenciais, o mesmo aconteceu com os interventores federais. A recolonização fora criada na administração de Júlio Muller (1937 – 1945) e no Governo Eurico Gaspar Dutra, Olegário de Barros (1945 – 1946) e José Marcelo Pereira (1946 – 1947), inicialmente. Depois pelos mandatos de Arnaldo Estevão de Figueiredo (1947 – 1950) e de Fernando Correa da Costa (1951 – 1956), também de João Ponce de Arruda (1956 – 1961). (Naglis, 2007).

Pelas mãos de terceiros, nasceu a terra prometida mato-grossense, a fronteira ganhou uma nova roupagem. Substituir remanescentes da Mate Laranjeira, os indígenas, por trabalhadores migrantes. Segundo Naglis (op.cit).

> Devido à morosidade da entrega de lotes e mesmo à falta de rigor da Administração da CAND, foi comum o fato de colonos viverem em terras da Colônia sem terem um lote demarcado oficialmente (...)a maioria das famílias chegava primeiramente na sede da Cooperativa da Colônia, atual Vila São Pedro, onde se fazia o pedido formal do lote à

Administração.   (NAGLIS, 2007, p.60)

Estas terras devolutas do estado de Mato grosso somavam hectares a perder de vista. A fim de sanar o problema de fronteira e desenvolvimento, uma série de órgão fomentou o repovoamento. Dentre os quais, a Lei 71 recriou a Delegacia de terras em concomitância com Departamento de Terras e Colonização, de forma que dois órgãos distribuíam (vendiam) as terras no SMT. (Naglis, 2007).

O governo de Getúlio Vargas e Eurico Gaspar Dutra, além de militar, vai privilegiar àqueles que possuem alguma ligação nas regiões brasileiras ao poder. Se dantes oficiais e a Companhia Mate Laranjeira dividiam o território do sul de Mato Grosso, agora o capital era representado pela faceta particular de empresas ou pessoas físicas abastadas para fomentar a implementação de vias para o fortalecimento maciço de um mercado. A migração e constituição da atual terra prometida do município de Ivinhema seguiram em duas frentes: a via pelo Sul de encontro a Colônia Agrícola de Dourados – CAND e a outra pelo Oeste Paulista (pelas vias do atual município de Bataguassu/MS). (Rosa e

Ferreira, 2016)

Na via paulista as estradas e as terras pertencentes ao atual município de Bataguassu/MS advinham desde abertura. A fronteira feita por Manuel da Costa Lima e também da apropriação através de concessão do Governo Paulista a Francisco Tibiriçá, surgindo a parceria com Arthur Diederichsen (fundadores da Companhia de Viação São Paulo Mato Grosso, grande proprietário de terras em Ribeirão Preto), a partir das décadas de 1920 até 1940, terras comercializadas com recolonos interessados nas terras do oeste paulista e leste de Mato Grosso. (Bonfim, 2009). Tempos depois, já na década de 1950, Jan Bata adquiriu os ativos de Arthur Diederichen. (Rosa e Ferreira, 2016)

A Geografia era a seguinte, a fronteira tomava contornos de modernidade de leste a oeste no SMT e o sertão (a região de Ivinhema hoje) começa a ter a modernidade:

> Jan Antonin Bata, inspirado nas idéias de Henry Ford, que sugeriu a realização de experiências com sitiantes-operários-industriais, desenvolvendo um operariado

mixto industrial-agrário, despertou-lhe a possibilidade de desenvolver este projeto tanto em Indiana como em Batatuba. Ao regressar para o Brasil Jan Bata desenvolveu um modo de colonizar que envolvia os operários industriais propiciando-lhes conhecer também o trabalho agrícola, essa experiência ele desenvolveu nas suas indústrias de sapatos instaladas em Batatuba e Indiana no Estado de São Paulo, algumas dificuldades foram encontradas, tais como: os terrenos ao redor de Batatuba e Indiana pertencerem a grandes e pequenos fazendeiros, que exigiam preços elevados para vende-los. Nesse tipo de empreendimento, uma família com sete pessoas seria assim distribuída, uma pessoa poderia cuidar de um hectare de terra, trabalhando toda semana nessa tarefa, para 4 hectares seriam necessárias 4 pessoas para cuidar da plantação e da pecuária, enquanto pelos menos os 3 restantes trabalhariam na fábrica. No caso de uma família com 8 pessoas, 4 ou 5 trabalhariam na fábrica e aproveitariam a parte da tarde para se dedicar ao cuidado adicional da plantação e criação. (BATISTA, JÚNIOR & ZILIANI, 2005, s.p).

A fronteira não nasceu branca, alusivo aos recolonizadores. Também podemos perceber a vastidão da influência cultural causada pela Companhia Mate Laranjeira, da migração gaúcha, dos paraguaios que ali permaneceram nas terras do SMT, observadas pelo antropólogo Darcy Ribeiro a Mato Grosso em 1948 em fotos. Darcy (1951) menciona contato com o grupo Ofaié aludido por Dutra (2012).

A recolonização foi atingindo as margens do Rio Ivinhema com extensos latifúndios. A 300 quilômetros de Bata, já no estado de Mato Grosso, *Moura Andrade* plantou, em 1946, o marco de outro núcleo urbano, atualmente *Nova Andradina*[xv], que tem em Porto Primavera, fundado também por ele, a época, o escoadouro de sua produção através do caudaloso Rio Paraná.

(Costa, 1960).

Notava-se a presença do chimarrão nestes espaços, um legado antropológico do indígena Guarani. Sempre presente no dia-a-dia, constituiu- se na bebida típica do Rio Grande do Sul e Paraguaia. Também público como "mate" ou "amargo", institui-se no símbolo da hospitalidade e da afeição do gaúcho pelas terras prometidas do SMT. É o mate cevado sem açúcar, preparado em uma cuia e chuchado através de uma bomba que se socializava. O mundo de Bata e dos Moura Andrade tinha dessas referências. É a bebida proveniente da infusão da erva-mate, planta nativa das matas da região do SMT.

Se Vargas tinha medo dos discursos separatistas de anos atrás e visava substituir aqueles estabelecidos que o procuravam, o efeito foi ao contrário. Ele criou novos estabelecidos, os recolonizadores particulares como a Moura Andrade, a Companhia Viação São Paulo e no final da década de 1950 a Sociedade de Melhoramento e Recolonização – SOMECO de propriedade de Reynaldo Massi.

Figura 4: Darcy Ribeiro e os Ofaié e caboclos[xvi] em 1948, atualmente Município de Bataiporã

Fonte: Museu Nacional do índio[xvii].
Acesso em 13. Mar.2015

O Recolono não estava só em 1940 - 1950. Segundo Darcy Ribeiro (1951) embora os serviços do SPI tenham tentado aldear alguns Ofaié, movendo 210 indígenas para um posto, assassinatos de delegados do órgão, bem como de funcionários por latifundiários, descontentes pela perca da mão de obra, atrapalhou as retiradas "oficiais" dos indígenas. Finalmente, o sonho de Jan Bata (e do mercado começava a tomar forma na região do Rio Ivinhema) existindo graças à morte de outra cultura, de pele vermelha, que sobrevivia aos achaques da sorte capitalista, mantendo seus costumes nas fazendas próximas, tossindo com a tuberculose e as moléstias brancas anos mais tarde.

Ali à beira do Rio Ivinhema a Companhia Moura Andrade começou os seus trabalhos de recolonização e de abertura da mata nativa e retirada dos indígenas que sobreviveram. Ressalta-se que muitas dessas pessoas compradoras chegaram mormente em função da ação das recolonizadoras.

De tal modo, a "aconchegada" dessas empresas, tais como: Companhia de Viação São Paulo-Mato Grosso responsável por colonizar o atual município de (Bataiporã) e a Colonizadora Moura Andrade e Cia em Nova Andradina dinamizou as recolonizações civilizadoras (brancas) na década de 1940 – 1950. Elas foram fundamentais para o povoamento da região e seu planejamento, pois abriram um espaço para recolonização de Ivinhema e Angélica e por assim dizer, da venda da sua "terra prometida". Ambas aumentaram um trabalho de venda de terras, seduzindo recolonos originários de várias regiões do país, em especial, do oeste do Estado de São Paulo. (Moreira, 2012).

O que vale frisar é que estas terras prometidas pelo capital não eram terras desocupadas como falado na hora de assinar os contratos, ao menos que encontrariam informações, infraestrutura mínima para começar uma nova vida e que caboclo do sangue quente é na bala que se gela. Mortes aconteceram, trabalho escravo e supressão de lavouras para pagamento dos lotes (Rosa e Ferreira, 2016).

Conforme Gonçalves & Santos (2011) era preciso controlar os que ali estavam, para receber os visitantes. Diminuída a perspectiva separatista no SMT, o papel das irmandades (como a maçonaria e as igrejas) foram necessárias para controle social:

> Assim, acredita-se que a Igreja Católica é um elemento imprescindível para se pensar à formação do município de Nova Andradina-MS. Sendo o clero elemento fundamental na comunicação entre hierarquia eclesiástica e a sociedade. De acordo com o depoimento do Seu Aluízio Teodoro, "o

fundador Moura Andrade, dizia que uma cidade deveria começar com um padre e um delegado". Um serviria de pastor do rebanho social e outro para ordem e respeito na sociedade. A ordem visada para que não houvesse a perda de homens por brigas que poderiam levar a desordem e à morte, devido ao fato de muitos trabalharem armados. (GONÇALVES & SANTOS, 2011, p.62).

Era uma terra descabida em vez de prometida, um inferno aos olhos da civilidade. Estava sacramentada a idéia de pioneirismo, recolonização e de uma nova vida (ou morte) nas novas terras prometidas do capital. O sonho bretão, radicado pela expansão capitalista do fordismo na década de 1950. Passo da modernidade, a recolonização vinha aos milhares, aos montes a região hoje composta pelo Vale do Ivinhema (Taquarussu, Nova Andradina, Ivinhema, Bataiporã, Anaurilândia e Novo Horizonte do Sul).

O curioso é que as primeiras recolonizações não foram à atual sede do município de Ivinhema e sim no distrito de Amandina[xviii], com a chegada da família dos Simões e outras famílias em 1948, ano do qual Darcy Ribeiro publicou um dos seus estudos citados nesta pesquisa. Percebendo a oportunidade dada anteriormente por Jan Bata e as oportunidades migratórias a Imobiliária Sul – Mato-Grossense LTDA começaram os primeiros estudos de onde pretendia fazer a venda de lotes (e o fizeram), fundamentando o latifúndio e as relações de trabalho aos camponeses próximos ao Rio Ivinhema. Tem- se que era para ser criado ali, uma cidade.

Estas terras foram dadas ou vendidas pelo Governo Federal[xix] para fomentar o desenvolvimento. Os relatos desta época são as principais fontes bibliográficas sobre o que aconteceu de fato na recolonização latifundiária do atual distrito de Amandina, município de Ivinhema. Segundo material publicado na internet[xx] (entrevista semiaberta com Zeuno Simões – filho de Armando Simões – concedida a André Molina, Aline Gonçalves e Prof. Elaine Cristina), a compra fora feita em Dourados e negociada em Campo Grande. Zeuno descreve:

Foi comprada da associação de terras que era em Dourados, foi feito um lote de 10 mil alqueires cada [...] meu pai comprou, e passamos para os filhos [...] se adquiria em Dourados, mas o pagamento era feito em Campo Grande [...] A intenção era plantar café na região, que havia alguns pés deixados pela Mate Laranjeira, então foi feito o mapa de Amandina, registrado, e onde começou as fazendas, as aberturas dos lotes. (SIMÕES, 1999 - depoimento).

Embora Zeuno Simões tenha chegado de Santos (onde residia sua família – era vendedor de café), [xxi] a Imobiliária Sul – Mato Grossense LTDA e alguns fazendeiros da região trouxeram trabalhadores ou empregaram os que ali estavam. Já movimentavam os setores agrários e ambientais do espaço geográfico, formando fazenda. Reynaldo Massi, comerciante e empresário, que fez fortuna no Paraná com venda de café, investiu na região adquirindo terras ali. A terra prometida nasceu descabida, longe do real propósito que era reforma agrária.

Quem teve dinheiro comprou grande parte para especular e não recolonizar. Explorar a natureza de forma predatória. Por começo, podemos afirmar que o processo recolonizador das áreas do distrito de Amandina e do atual município de Ivinhema (as terras prometidas) foram idênticos ao do norte do estado do Paraná e da maioria do Oeste, um grande mercado.

Sobre este comentário, Elpídio Serra fala (2010):

> Como característica, tais elementos atuavam em conivência com pessoas diretamente vinculadas às esferas do poder dominante e a pretexto de terem prestado algum serviço de utilidade pública, acabavam se apropriando de grandes extensões de terra e ainda se beneficiando de uma série de regalias, jamais ao alcance do cidadão comum. (SERRA, 2010, p.77).

Acervo: André Molina. Disponivel em: www.historiadeivinhema.com.br, acesso em 15.10.2014.

Por ser um "local de difícil acesso" [xxii], o Instituto Nacional de Imigração e Colonização - INIC deparou-se com algumas dificuldades para realizar a fronteira e propriamente, os assentamentos, porquanto os agricultores não se harmonizaram ante os problemas regionais, tais como: malária, falta de acesso, rodovias, dengue, tuberculose e outros. Somente após treze anos de criação é que foram concluídos os trabalhos de medição e demarcação da área do Núcleo Colonial de Dourados – NCD, e na outra via, vinda de Nova Andradina, as estradas foram abertas graças ao incentivo dos latifundiários e das imobiliárias particulares de colonização, como a SOMECO de Reinaldo Massi. Este empresário estudou como as terras adquiridas em Dourados poderiam auferir lucro e estudou a região desde o fim da década de 1940, passando por estudos no final da década de 1950, organizando o núcleo urbano no espaço.

Acervo: André Molina. Disponivel em: www.historiadeivinhema.com.br, acesso em 15.10.2014.

Na região da Grande Dourados constituíram alguns órgãos para assessorar no suporte a essa recolonização e o desenvolvimento econômico. Pela Lei Federal n° 2.163, 5 de janeiro de 1954, foi criado o INIC – Instituto Nacional de Imigração e Colonização - que contemporizou para o seu patrimônio todos os imóveis da União encontrados sob administração do DTC – Departamento de Terras e Colonização do Ministério da Agricultura, até mesmo as terras (prometidas ao capital) da Colônia Agrícola Nacional de Dourados, denominando- se Núcleo Colonial de Dourados.

Nesses espaços, as recolonizadoras optaram pela pequena propriedade como modelo de repartição da terra, sendo esta vendida em suaves prestações que venciam ano a ano, exatamente de acordo com as modestas possibilidades financeiras dos compradores, o chamado *contrato de gaveta*, em alguns casos. Isto é, no tempo e no espaço, modernidade e ferramentas deveriam possibilitar o desenvolvimento, mas a falta de estrutura foi a única verdade dos discursos espaciais aos migrantes.

4. Conclusão

Podemos perceber que no apogeu dos negócios e consentimento de terras pelo Estado se desenvolveu durante o período de 1930-1940, até a divisão do estado de Mato Grosso em dois o arranjo da fronteira para o mercado. Este processo foi acontecendo gradativamente e com Geografias variadas. A ideologia do pioneirismo, gerou migração em massa a terras obtidas por Reynaldo Massi e vendidas aos migrantes, em sua maioria de São Paulo, Nordeste e Paraná. Formou-se naquele território pequenas e grandes propriedades. Com os migrantes, encetou-se o "desbravamento desta região". O ideológico do pioneirismo foi ato confessadamente nas publicidades do Estado.

A marcha para o oeste alienou o conceito de um novo campesinato e um novo perímetro agrícola. Entretanto, após as comercializações, os recolonos entenderam que estas não eram bem novas terras e sim velhas, com vestígios da Companhia Matte Laranjeira S/A, a lei da bala e da morte, da sua escravidão nas fazendas (costumes institucionalizados pela Mate), da sua expropriação de vida e agrária, da falta de crédito. Enfim, vítimas fatídicas da dominação pela fome. Aqueles que não foram colocados em covas rasas assumiram para si uma continuidade de sua produção uma terra prometida concebida por uma situação de morte – vida.

Vivos que sucumbiram perante um ideal progressista liberalista, transformando esta terra em não tão prometida em sua terra. Mortos para a circulação do capital, serviram de vivos nos exércitos de reserva para o trabalho no sul do Mato Grosso e se viram obrigados a migrar novamente. Portanto, mortos e vivos, esses retirantes encontraram miséria e alguns o sucesso (alguns o progresso e sua Canaã).

Estes fatos não negados pela história configuram pelos menos abastados uma situação de abandono pelo estado de Mato Grosso, aliados aos estabelecidos (grandes Proprietários de Terras e recolonizadores privados). Estas por sua vez reviveram a sangria separatista, visto que Cuiabá tinha um afastamento das elites locais sulistas, estes aproximando dos militares dividiram o estado de Mato Grosso em dois.

As primeiras recolonizações de núcleo urbano na região de Ivinhema ocorreram onde hoje é o distrito de Amandina, em 1948. Segundo a literatura e depoimentos coletados pelo Prof. André Molina (Zeuno Simões), estas foram as primeiras terras ocupadas de ligação pelas recolonizações, e a partir de 1948 tomaram forma.

Isto gerou grandes extensões de terras, grupos hegemônicos, inicialmente os Simões em Amandina, os Moura Andrade em Nova Andradina e por fim Reynaldo Massi em Ivinhema. Mas vieram outros e outros. Até 1950 eram terras dadas por acordos políticos. Após 1930 esses grupos vinham pela posse da terra. Ali a lei e a ordem era o que podia mais. Sobrepondo relações entre grupos, com indígenas, paraguaios (descendentes dos que ficaram na guerra ou que migravam) peões, mateiros da mate laranjeira. Terras estas datas em concessão, nem sempre pagas.

Neste sentido que se desdobrou a modernização da agricultura no sul de Mato Grosso pelos novos atores. Desencadeando mistos identitário, étnicos e de visões de mundo construídas em torno dos preconceitos, estéticas, da centralidade laboral e industrial dos usos e sentidos. Tanto que a nova divisão foi estudada pelo empresário Reynaldo Massi em 1958. Não foi, portanto, como evidenciou o estudo etiológico, um projeto pioneiro.

Longe disto, foi um investimento claro. O livro da filha de Reynaldo, Sandra Massi (2000) evidencia na biografia do pai, um tino comercial expansivo, uma visão atenta ao capital. Logo, comprou uma porção de terras para organizar seu empreendimento, afinal Dourados já era município desde 1935 e carecia de uma integração maior. A partir dos anos 1950, a cidade principiou a receber um amplo fluxo de migrantes de várias partes do Brasil e também imigrantes. Estes ocuparam várias regiões do município e quando Massi começou a formar Ivinhema, o que finda o processo antecessor e inicia a recolonização.

Claro, em troca dos apoios geopolíticos brasileiros os estadunidenses investiram em desenvolvimento do país na reorganização do trabalho, o que gerou uma desterritorialização do espaço e do tempo, contrapondo expoentes no desenvolvimento geográfico, alternando discursos com muita velocidade. Assim, os

Estados Unidos já estavam inseridos no bojo da acumulação flexível e do final da era moderna, algumas regiões do Brasil ainda nem tinham se modernizado. De modo que 1930 até 1950 foi uma época temível, onde a lei era a bala e a vala, o trabalho escravo contratava restolhos de indígenas vivos e paraguaios, fronteiras do medo e da dor.

Como mostra Darcy Ribeiro (1951) era uma gente de pele vermelha e paraguaia, herança da Mate Laranjeira (inclusive com picadas e estradas cortando o sertão veredas). Massi através dos estudos, projetou uma cidade marcada para 60 mil habitantes, vislumbrou implementar um modo de vida quase americano. Inspirada em suas ideias fordistas da produção.

A partir da década de 1930 começa a exploração franca da terra e do ambiente, com máquinas, derrubada da madeira, substituição da mentalidade existente pela forja da civilidade, intervencionista/expansiva, visando ampliar a migração sulista, nordestina, paulista, estimulando a atuação das redes sociais.

Dito e feito, a partir de 1940, chega-se aos planos urbanos, abertura de algumas estradas, figurando o plano de mobilidade com apoio aéreo de corporações que formaram um mercado de atração entre Bataguassu e Dourados, tempo-espaço da Constituição de vários povoamentos, elevando-se a município Ivinhema já em 1963.

Durante este processo, fica vivo que o fluxo migratório estimulado pelo Governo nesses anos e pela propriedade privada tinha fins de mercado. Espaçar os estabelecidos e seus discursos de separação e inserir a modernização da agricultura ficaram evidentes como objetivos de controle. Pela propaganda incentivou - se agricultores a migrarem com propostas de financiamentos, ajuda na instalação e promessa de terras férteis e riquezas (o que enreda nosso cabeçalho).

Esse fato (prometer o que não existe) gerou uma morte-vida campesina, pois nos sítios muito se morreu para viver pelo trabalho. Esse processo foi uma sobrevida histórica nas novas (que ainda eram velhas) terras prometidas (que na verdade *nem* eram prometidas) da pobreza e dos pobres. Vítimas do que indígenas foram, negros, paraguaios remanescentes, paulistas, paranaenses, mineiros e nordestinos eram. Pessoas cativas na mente e no trabalho para atender aos interesses de poucos e do capital. Numa terra que se plantando tudo dá, chamado de " terra prometida" ou na lei Ivinhema.

Referências

ALCÂNTARA, Luziana Queiroz de. **Andradina:** a Terra do Rei do Gado - 1937/1969, Editora L&c Artes Gráficas, 2001.

BACKHEUSER, Everardo. **Problemas do Brasil:** (estrutura geopolítica): o " espaço". Rio de Janeiro: Grupo Editor "Omnia", 1933.

BATISTA, Luiz Carlos. JÚNIOR, Carlos Martins. ZILIANI, José Carlos. **Resgate da memória e da história sudoeste de Mato Grosso do Sul. Revista Klepsidra – Revista Eletrônica de História.** N°25. 2005 < disponível l> em: http://www.klepsidra.net/klepsidra23/colonizac ao-ms.htm > Acesso em: 11 mar.2015.

BITTAR, Marisa. **Mato Grosso do Sul a construção de um estado:** regionalismo e divisionismo no sul de Mato Grosso. Volume I. Campo Grande, MS: Ed. UFMS, 1999.

BONFIM, Juliana Sanches da Silva. **Colonização particular atuação da Companhia Viação São Paulo - Mato**

Grosso (1940-1960).122p. Dissertação de Mestrado em História – Universidade Federal da Grande Dourados, Dourados. 2009.

CHIES, Cláudia. **Ciclo econômico e espaço transformado:** os trabalhadores do café no Bairro Concórdia em Tuneiras do Oeste – Pr. 196f. Dissertação de Mestrado. Universidade Estadual de Maringá, Maringá, 2007.

DAMIANI, Amélia Luísa. **População e geografia**. São Paulo: Editora Contexto, 1993.

FAUSTO, Bóris. **Fazer a América:** a imigração em massa para a América latina. São Paulo: EDUSP, 2000.

FERRARI, Maristela. **As noções de fronteira em geografia. Revista Perspectiva Geográfcia.** Marechal Candido Rondon. Vol. 9, n. 10, pp 45-64, 2014.

GONCALVES, Marcelino Andrade; SANTOS, Claudinei Araújo. **A participação da igreja católica no processo de formação territorial e social do município de Nova Andradina/MS (1958-1972). Revista Geografia em Questão (Online),** v. 4, p. 61-80, 2011.

GRAHAM, Richard. **Grã-Bretanha e o início da modernização no Brasil.** São Paulo: Editora Brasiliense, 1973.

GRANDESSO, Marlene. **Sobre a**

reconstrução do significado: uma análise epistemológica e hermenêutica da prática clínica. São Paulo: Casa do Psicólogo, 2000.

INSTITUTO BRASILEIRO DE GEOGRAFIA E ESTÁSTISTICA – IBGE. **Séire Históricas e estastisticas.** Brasília: IBGE, 2015. Disponível em: < http://seriesestatisticas.ibge.gov.br/ acesso em 28.05.2015, ás 16:23.

JÚNIOR, Marcelo Grillo. **História do Brasil para Leigos:** da Fase Pré-Colonial ao Império. Rio de Janeiro: Alta Books, 2013.

LECIONI, Sandra. **Região e geografia.** São Paulo: Edusp, 1999.

MARTINS, Gilson Rodolfo. KASHIMOTO, Emília Mariko. **Arqueologia guarani no alto Paraná, Estado de Mato Grosso do Sul. Fronteiras, Revista de História,** Campo Grande, Vol.3, n° 5, pp.51-64, jan/jun.1999.

MARX, Karl. FREDERICH, Engels. **A ideologia alemã.** São Paulo: Boitempo, 2002.

MARX, Karl. **O capital.** São Paulo: Nova Cultural, 1988.

MASSI, Sandra. **Reynaldo Massi, meu pai.** São Paulo: Tempo & Memória, 2000.

MOREIRA, Danilo. L.. **Dos Espaços 'vazios' ao processo de colonização particular:**

Uma breve História do processo de ocupação do Sul de Mato Grosso, atual Mato Grosso do Sul. **Revista de Ciências Humanas e Sociais Pitágoras**, Nova Andradina, v. 3, p. 1-12, 2012.

NAGLIS, Suzana G. Batista. **"Marquei aquele lugar com o suor do meu rosto"**: os colonos da Colônia Agrícola Nacional de Dourados - CAND (1943-1960). 118 p. Dissertação de Mestrado em História. Universidade Federal da Glrande Dourados, Dourados,2007.

NEDER, Álvaro. **Enquanto este novo trem atravessa o litoral:** música popular, latino – americanismo e conflitos sobre modernização em Mato Grosso do Sul. Rio de Janeiro: Mauad, 2014.

RAFFESTIN, Claude. **Por uma Geografia do Poder.** São Paulo: Ática, 1993.

RIBEIRO, Darcy. **Notícia dos Ofayé Xavante**. Revista do Museu Paulista, Nova Série, São Paulo, v. 5, p. 105-135, 1951.

ROCHA, Antonio *Penalves.* **A *recolonização* do Brasil pelas cortes:** história e historiografia. São Paulo: Unesp, 2001.

ROSA, Jota Junior Marques Rosa. FERREIRA, Djane. **A (outra) terra prometida antes, durante e depois:** (dis) cursos históricos e geográficos de Ivinhema/MS. Presidente

Venceslau/SP: Petrona, 2016.

SANTOS, Milton. **A natureza do espaço: técnica e tempo, razão e emoção.** São Paulo: EDUSP, 2008.

SERRA, Elpídio. **Conflitos rurais no Paraná:** como foi que tudo começou. Boletim de Geografia (UEM), v. 1, p. 75-89, 2010.

SILVA, Jovam Vilela. **Um Truste encravado no Sul de Mato Grosso (1882-1950). Revista Coletânias de Nosso Tempo,** Cuiabá, v. 01, p. 26-44, 1997.

SILVA, Walter Guedes da. **Controle e domínio territorial no sul do estado de mato grosso: uma análise da atuação da cia matte laranjeira no período de 1883 a 1937. Revista Agrária**, São Paulo, n 1. p. 102-105, 2011.

SIMÕES, Zeuno. **Entrevista concedida ao Prof. André Molina**. 1999. Disponível em: www.históriadeivinhema.com.br, acesso em 15.10.2014.

VIEIRA, Eurípedes Falcão. VIEIRA, Marcelo Milano Falcão. **Geoestratégia Global:** econômica, poder e gestão de território. São Paulo: FGV, 2007.

WACHOWICZ, Ruy Christovam. **Norte Velho, Norte Pioneiro.** Curitiba: Vicentina, 1987.

WHITROW. G. **O tempo na história.**

Tradução de Maria Ignez Duque Estrada. Rio de Janeiro: Zahar, 1993.

ZATTI, Carlos. **A estrada do colono.** Curitiba: Clube dos Autores, 2011.

SITES ACESSADOS

www.historiadeivinhema.com.br, acesso em 15.10.2014

Sobre a autora

Djane Ferreira possui Licenciatura Plena em Geografia pela Universidade Estadual de Mato Grosso do Sul (2010). É Graduada em Pedagogia pelo Centro Universitário de Jales - UNIJALES. Acadêmica de História do Centro Universitário de Jales - UNIJALES. Especialista em Psicopedagogia pela Faculdade Itaquá - FACITA. Atualmente é Professora Substituta do Governo do Estado de São Paulo desde 2014.Tem experiência com pesquisa nas áreas da Educação Ambiental, Educação de Jovens e Adultos, Resíduos Sólidos e Geografia Física .

Sobre o autor

Jota Junior Marques Rosa possui Licenciatura Plena em Geografia pela Universidade Estadual de Mato Grosso do Sul (2009). É especialista em Psicopedagogia Institucional pela Faculdade União Cultural Do Estado de São Paulo - UCESP (Psicopedagogia Institucional). É formado em Pedagogia pela Faculdade União Cultural Do Estado de São Paulo - UCESP. Especializando em Psicanálise pela Faculdade Dom Alberto/FAVENI. Atualmente é Analista Administrativo do Governo do Estado de São Paulo.Tem experiência com pesquisa nas áreas da Geografia, História e Etiologia e Epistemologia. Também se interessa por temas como Geoecologia de Paisagem, Água, Poesia, Ensino de Geografia, Educação,Filosofia, Literatura,Educação Ambiental, Produção do Espaço e Fotografia, Discursos e Região, Paisagem, Território e Lugar.

Notas de Fim

<hr>

i   O conhecimento formalizado entre os munícipes e por muitos historiadores locais taxam Ivinhema significando nas línguas indígenas como sendo "terra prometida".

ii Em Marx (2002 e 1988) Capitalismo é um preceito econômico-politico-cultural-social em que os meios de produção e distribuição são de domínio particular e com fins vantajosos. Deliberação sobre oferta/demanda, preço, classificação, circulação de mercadorias e investimentos não são feitos pelo governo, mas por uma regulação de mercado. Os dividendos são disseminados para os proprietários que investem em corporações e os pagamentos são pagos aos trabalhadores por essas organizações. O capitalismo é dominante no mundo ocidental desde o final do feudalismo.

[iii] Para Ferrari (2014) o conceito de fronteira possui duas visões cientificas: uma que fala da história política entre Estados nacionais e do limite de soberania de um poder central e a outra local ou regional que trata do vivido e das interações entre populações em zonas limítrofes políticas. Ambas são construções históricas e temporais. Nessas concepções, a tendência geografia atual é trata – la dentro de um contexto mais humano, social e cultural capaz de nos oferecer uma apreensão mais justa e real de suas relações.

[iv] As interconexões, para Vieira & Vieira (2007) representam as comunicações entre as redes espaciais ou territórios. Desta forma, a partir da racionalização do espaço, a Globalização, permitiu o poder irradiar – se na gestão dos territórios.

[v] Territórios são espaços na sociedade delimitados por relações de poder. (Raffestlin, 1993). Já o espaço geográfico é compreendido por Milton Santos (2008) como "formado por

um conjunto indissociável, solidário e também contraditório, de sistemas de objetos e sistemas de ações, não considerados isoladamente, mas como o quadro único no qual a história de dá" (SANTOS, 2008, p.63)

[vi] Segundo Milton Santos (2008) o lugar ganha a ideia de significação e, mais do que isso, de afeto e percepção, o lugar é determinado no território com essa base geográfica.

[vii] Servimo – nos do conceito de verticalidade para situar o leitor da demanda grande internacional por fonte de energia frente a vida organizada/dependente dos combustíveis fósseis e matérias primas, forçando os espaços agrícolas mundiais (e os países agroexportadores como o Brasil) a produzir matéria – prima. Neste grupo, as horizontalidades reservam – se aos estabelecidos ou elites da regional ou lugar que detém a organização destes espaços que são coagidos a produzir. A partir deste conflito de interesses, entre as verticalidades e as horizontalidades nasce as intencionalidades configuradas no território e configuram as terras prometidas. (Santos, 2008).

[viii] Norbert Elias (2000) institui a sociedade em grupos de seres humanos estabelecidos no poder e os de fora, conceituados pelo autor, outsiders. A elite para Elias (2005) é o conjunto destes indivíduos estabelecidos no poder. A partir dessa

relação que se produz a sociedade e o espaço.

[ix] Em Sandra Lecioni (1999) percebemos que a Região é data da concentração de espaços com semelhanças e estas são características de uma determinada composição temporal. Esta classificação pode ser econômica, ambiental, cultural, social e política.
[x] G. J. Whitrow (1993) chama – na atenção para consciência do tempo. Na sua explicação é algo atrelado aos nossos dias, contudo é regulado pela perspectiva do concreto-arbitrário[x]. Os acontecimentos, então, criam razões próprias com raízes em casos anteriores. Para tanto, inserir – se na história é se colocar na perspectiva espacial do seu tempo. Mato Grosso sofria com a pouca densidade demográfica e os trustes e latifúndio, que era entrave para sua colocação no mercado global á época.
[xi] Começavam os primeiros conflitos geopolíticos na redefinição do território Europeu, culminando na 2ª Guerra Mundial.
[xii] Embora seja uma direção do capital e das potências, O Brasil, nunca teve um Estado solidificado e com dinheiro para iniciar as reocupações de seu terriório, delegando a iniciativa privada na maior parte das vezes.
[xiii] Sul de Mato Grosso.
[xiv] Segundo Dicionário Aulette (2008), um truste é estrutura empresarial em que várias empresas,

que já detêm a maior parte de um mercado, se ajustam ou se fundem para assegurar o controle, estabelecendo preços altos para obter maior margem de lucro (Apesar de proibida essa manobra em vários países, a fiscalização deficiente não conseguiu ainda coibi-la).

[xv] Segundo Alcântara (2001) O Município de Andradina/SP também fora colonizado pela Companhia Moura & Andrade, por isso, o nome da cidade de Nova Andradina/MS. Seriam as novas terras, em outras palavras, como descreve – se na placa da firma: *"Terras Ótimas para Culturas: Vendas a Prestações de longo prazo"*

[xvi] É importante destacar que o termo caboclo não é cogitado no sentido pejorativo, mas cultural, pois empiricamente caboclos são descendente dos indígenas e dos brancos, mestiços culturalmente.

[xvii] As fotos podem ser obtidas no acervo pessoal de Darcy sob tutela do Museu no site: www.ofaie.com

[xviii] Anos mais tarde com a chegada do SOMECO, Amandina quase toda comprada na sua volta pelo poderio econômico vai "morrer" enquanto perspectiva, afinal seus iniciantes passam a ser contrários ou aliados dependendo do viés e do relativismo de lides temporais, sendo enxotados ao ostracismo geográfico e político.

[xix] A Política Nacional de "colonização" vai perder força com os ideários varguistas,

deixando brechas para as elites locais (no caso Governos Estaduais e latifundiários) discutirem e executar as ações. O Governo de Mato Grosso optou pela recolonização privada de seu espaço, bem como outorgou terras em sua maioria griladas a fim de atingir seus objetivos.

[xx] www.historiadeivinhema.com.br, acesso em 15/07/2014.

[xxi] Depoimento em 1999.

[xxii] Pesquisas como a de Batista, Júnior & Ziliani (2005) provam que não eram de tão difícil acesso, uma vez que as colonizações particulares de 1930 até 1950 abriram picadas e caminhos para escoação das produções locais através do Porto Primavera ou do Oeste Paulista pelo Porto Tibiriçá.